# ADAM SMITH

Wie *Der Wohlstand der Nationen* die Wirtschaftswissenschaft revolutionierte

Verfasst von Christophe Speth
In Zusammenarbeit mit Brigitte Feys
Übersetzt von Mareike Lobeck

Business 50MINUTEN.de

# ADAM SMITH

Wie *Der Wohlstand der Nationen* die Wirtschaftswissenschaft revolutionierte

50MINUTEN.de

NOCH MEHR
ERFOLG IM BUSINESS!

DAS PARETO-PRINZIP
Die 80/20 - Regel
Gesamtaufwand
Ergebnisse
20%
80%
80%
20%
Wichtig
Unwichtig
50MINUTEN.de

Die SWOT-Analyse

Das Pareto-Prinzip

Das Canvas-Businessmodell

Die Balanced Scorecard

www.50Minuten.de

# ADAM SMITH

## PROFIL

- **geboren:** 1723 in Kirkcaldy (Schottland)
- **gestorben:** 1790 in Edinburgh
- **Kontext:** Adam Smith, der sowohl Zeitzeuge der industriellen Revolution in Großbritannien als auch der Amerikanischen Revolution und ihrer gesellschaftlichen und wirtschaftlichen Folgen war, wird gemeinhin als Begründer der klassischen Nationalökonomie angesehen. Seine Ansätze sind dem Liberalismus zuzuordnen.
- **bekannteste Werke:**
  - *Theorie der ethischen Gefühle* (*The Theory of Moral Sentiments*), 1759
  - *Der Wohlstand der Nationen: Eine Untersuchung seiner Natur und seiner Ursachen* (*An Inquiry into the Nature and Causes of the Wealth of Nations*), 1776
- **Schlüsselwörter:**
  - absoluter Kostenvorteil: Smith vertritt die Meinung, dass sich jedes Land auf die

Produktion der Güter spezialisieren sollte, die es effizienter produzieren kann als seine Handelspartner.

- ◦ <u>Arbeitsteilung</u>: Smith zufolge kann durch die Spezialisierung jedes Einzelnen auf eine genau definierte Aufgabe die Produktion wesentlich effizienter gestaltet werden.
- ◦ <u>unsichtbare Hand</u>: Smith nimmt an, dass die Marktwirtschaft dem Einzelnen ermöglicht, sein persönliches Wohl mit dem Allgemeinwohl zu vereinen. Dabei würde ein selbstregulierender Wirtschaftsprozess unterstützt, durch den die Allgemeinheit davon profitiert, wenn jeder Akteur danach strebt, seine eigenen Bedürfnisse zu erfüllen.

## EINLEITUNG

Adam Smith wird meist – wenn auch nicht von allen – als Vater der modernen Wirtschaftswissenschaften angesehen. Da er selbst Philosophie studierte und lehrte, wurde er von zahlreichen Philosophen beeinflusst, in erster Linie den Physiokraten, die für eine natürliche und freie Wirtschaft ohne staatliche Eingriffe eintraten. Daneben hatte ebenfalls die industrielle Revolution einen entscheidenden Einfluss auf Smiths Werk *Der Wohlstand der Nationen*, worin er detailliert das Beispiel der Nadelproduktion betrachtete.

Smith nimmt eine bedeutende Rolle in den Wirtschaftswissenschaften ein, weswegen er auch zahlreiche Theorien seiner Nachfolger beeinflusst hat, insbesondere die der klassischen Nationalökonomik, der er meist zugeordnet wird.

### Schon gewusst?

Wirtschaftswissenschaftler werden meist hinsichtlich ihrer Theorien verschiedenen Strömungen zugeordnet. Die klassischen Nationalökonomen teilten die Überzeugung, dass der Handelswert eines Guts die Arbeitskosten widerspiegelt, die für ihre Produktion notwendig waren. Sie unterscheiden sich damit stark sowohl von ihren Vorgängern (den Physiokraten, die den Wert ausschließlich auf die Verwendung natürlicher Ressourcen zurückführten) als auch von ihren Nachfolgern (der neoklassischen Schule, der zufolge der Wert den Nutzen widergibt, den der Einzelne aus dem Konsum des Gutes zieht). Die klassische Nationalökonomik entstand mit Beginn der industriellen Revolution. Ende des 19. Jahrhunderts übernahm jedoch die neoklassische Schule die Vorherrschaft in den Wirtschaftswissenschaften. Ihre methodischen Ansätze unterscheiden sich stark: Während die klassische Nationalökonomik noch auf logische Abhandlungen und Argumentationen baute, verwendete die neoklassische Schule ausschließlich mathematische Beweise. Diese Neuerung führte jedoch dazu, dass die stheorie nunmehr lediglich einem ausgesuchten Publikum zugänglich war.

Der britische Ökonom David Ricardo (1772-1823) griff Smiths Ansätze auf, um seine Theorie des komparativen Kostenvorteils zu entwickeln, die er als britischer Abgeordnete als Argument gegen den vorherrschenden Protektionismus nutzte. Nach dieser Theorie sollte sich jedes Land auf die Produktion der Güter spezialisieren, für die die Opportunitätskosten am geringsten sind. Auch Karl Marx (1818-1883), der für seine antiliberale Ideologie bekannt ist, wurde von Smith beeinflusst. So vertraten beide die Meinung, dass die Arbeit den Wert des Produkts ausmacht.

# LEBEN

## BIOGRAFIE

Smith wuchs auf dem schottischen Land auf. Im Alter von 14 Jahren zog er für sein Studium an der University of Glasgow in die Stadt (1737-1740). Dem Wunsch seiner Familie entsprechend, die eine geistliche Laufbahn für ihn vorsah, schrieb er sich anschließend an der University of Oxford ein. Allerdings entschied er sich nach einiger Zeit doch dagegen und zog im Alter von 23 Jahren zurück zu seiner Mutter. Sein Wunsch nach einer akademischen Stelle an der University of Glasgow schien damit allerdings in weite Ferne zu rücken.

Dank einer glücklichen Fügung erhielt er jedoch die Möglichkeit, in Edinburgh öffentliche Vorlesungen zu geben. Diese waren recht erfolgreich, was vermutlich dazu beitrug, dass er seinen Traum schließlich erfüllen konnte und an der University of Glasgow erst eine Professur für Logik und dann für Moralphilosophie erhielt. In dieser Zeit schrieb und veröffentlichte er auch das philosophische Werk *Theorie der ethischen Gefühle*.

1764, nach 13 Jahren akademischer Karriere, wurde Smith Tutor von Henry Scott, dem 3rd Duke of Buccleuch (1746-1813). Smith begleitete den Jungen auf eine über zweijährige Reise nach Frankreich und in die Schweiz. Zurück in Großbritannien begann der Ökonom mit der Arbeit an einem weiteren Werk, *Der Wohlstand der Nationen*, das zu einem Grundstein der im 18. Jahrhundert als „modern" angesehenen Nationalökonomie werden sollte. Die letzten Jahre seines Lebens arbeitete er als Zollkommissar in Edinburgh, wie sein Vater vor ihm auch.

## Kindheit (1723-1737)

Smith wurde 1723 in Kirkcaldy geboren, einem Dorf nördlich von Edinburgh, Schottland. Er trug denselben Vornamen wie sein Vater, der kurz vor seiner Geburt verstorben war. Zu seiner Mutter, die ihn daher allein aufzog, hatte er Zeit seines Lebens eine enge Beziehung. Ein prägendes Erlebnis in seiner Kindheit war seine Entführung durch einige Dorfbewohner, als er gerademal zwei oder drei Jahre alt war. Glücklicherweise ging der Vorfall jedoch gut aus, da seine Entführer auf der Flucht gefasst wurden.

Smith wurde in Kirkcaldy eingeschult, wo er sich schnell von seinen Mitschülern abhob. So redete er beispielsweise mit sich selbst und lernte in den Pausen lieber, als mit seinen Klassenkameraden zu spielen. Obwohl er meist gedanklich abwesend wirkte, beeindruckte er seine Mitschüler mit seiner hervorragenden Erinnerungs- und stark ausgeprägten Beobachtungsgabe.

## Studium in Glasgow (1737-1740) und Oxford (1740-1746)

Im Jahr 1737, verließ Smith im Alter von 14 Jahren seine Dorfschule und begann ein Studium an der University of Glasgow, die zu seiner Zeit als relativ liberal und kirchenunabhängig galt. Smith gefiel dieses akademische Umfeld und insbesondere der Professor und Philosoph Francis Hutcheson (1694-1746), einer der Begründer der schottischen Aufklärung, prägte ihn nachhaltig. Dennoch verbrachte Smith dort lediglich drei Jahre.

Dem Wunsch seiner Familie entsprechend entschied er sich nach dem Erhalt eines Stipendiums im Jahr 1740 sein Leben der Kirche zu verschreiben und begann ein entsprechendes Studium an der University of Oxford. Diese war zwar für ihre konservativen Werte bekannt, dennoch lebte sich Smith zunächst überraschend gut ein, beschäftigte sich allerdings wenig mit den Dingen, die eigentlich von ihm verlangt wurden. Anstatt sich der Theologie zu widmen, vertiefte er lieber seine Kenntnisse in Literatur, Physik und Mathematik und perfektionierte sein Griechisch. Seine Professoren hatten nur wenig Verständnis für sein offensichtliches Desinteresse an der Theologie, wie eine Anekdote aus dieser Zeit veranschaulicht. Als Smith eines Tages erwischt wurde, wie er im dreibändigen *Traktat über die menschliche Natur* des schottischen Philosophen David Hume (1711-1776) las, das als ketzerisch galt, wurde das Buch konfisziert und Smith streng bestraft (wobei er nur knapp einem Verweis von der Universität entging). Kurze Zeit später verließ er Oxford, weil er sich zu sehr in seiner Freiheit eingeschränkt fühlte.

## Rückkehr nach Kirkcaldy und intellektueller Aufstieg (1746-1764)

Nach seiner Rückkehr in seinen Geburtsort Kirkcaldy im Jahr 1746 durchlebte Smith zunächst finanziell schwierige Zeiten, wie sie für

Schriftsteller seiner Zeit typisch waren. Zwei Jahre später traf er allerdings den Richter und Philosophen Lord Kames (eigentlich Henry Home, 1696-1782), der ihm vorschlug, sich in Edinburgh niederzulassen, um dort öffentliche Vorlesungen zu geben. Smith nahm das Angebot des angesehenen Richters an. Der Erfolg seiner Vorlesungen, die ein immer größeres Publikum anzogen, machten ihn rasch in der intellektuellen Welt bekannt. Zu dieser Zeit lernte er auch seinen späteren guten Freund David Hume kennen. Im Jahr 1751 erhielt er eine Stelle an der University of Glasgow, wo er zunächst als Professor für Logik und danach für Moralphilosophie arbeitete. Im Jahr 1959, veröffentlichte er *Die Theorie der ethischen Gefühle*. Das Werk war nicht nur in Schottland, sondern auch in England außerordentlichen erfolgreich. 1787 wurde er dann zum Rektor der Universität ernannt.

Smith machte sich so einen Namen und kurz darauf wurde ihm eine Stelle als Tutor eines jungen Herzogs angeboten. Jedoch lehnte der Professor dies zunächst ab und widmete sich stattdessen dem Studium von Recht und Wirtschaft, nachdem er sich vorher mit

Moralphilosophie beschäftigt hatte. Im Jahr 1763 wurde das Angebot erneuert und diesmal nahm Smith es an.

## Frankreichreise (1764-1766)

Wie es zu der damaligen Zeit üblich war, wurde eine große Reise organisiert, um Henry Scott, dem Duke of Buccleuch, eine optimale Bildung zu ermöglichen. So sein Tutor Smith mit ihm im Frühjahr 1764 nach Frankreich auf. Nach einem kurzen Zwischenhalt in Paris fuhren sie weiter nach Toulouse, wo Smith mit zahlreichen Forschungsarbeiten beschäftigt war und vermutlich ebenfalls mit der Arbeit an *Der Wohlstand der Nationen* begann. Nach etwas über einem Jahr zogen der Herzog und Smith nach Genf, wo sie zwei Monate verbrachten. Ein weiterer Aufenthalt in der französischen Hauptstadt schloss ihre Reise ab. Smith lernte dort den Physiokraten François Quesnay (1694-1774) kennen, von dem er sich stark für *Der Wohlstand der Nationen* inspirierte. Nach ihrer 30-monatigen Reise kehrten der Schüler und sein Tutor im Herbst 1766 schließlich nach London zurück.

# Arbeit an *Der Wohlstand der Nationen* (1766-1776) und Zollkarriere (1778-1790)

Nach seiner Rückkehr nach Kirkcaldy widmete sich Smith vollständig seiner Arbeit an *Der Wohlstand der Nationen: Eine Untersuchung seiner Natur und seiner Ursachen*. Einige sind überzeugt, dass er etwas noch Umfangreicheres vorgehabt hatte und seine kritische Analyse auch auf Geschichte und Recht ausdehnen wollte. Ein Briefwechsel, in dem der Wirtschaftswissenschaftler Dokumente von Lord Hailes anforderte, scheinen diese These zu stützen. Dennoch entschied sich Smith an einem gewissen Punkt, sich auf die Untersuchung wirtschaftlicher Mechanismen zu konzentrieren. Um sich ganz seiner Arbeit widmen zu können, schottete sich Smith komplett von der Außenwelt ab. Mit Ausnahme eine Reise nach Edinburgh und London im Jahr 1773 verbrachte er die Zeit bis zur Veröffentlichung seines Werks in seinem Heimatort. Sein Freund Hume warf ihm dieses selbstgewählte Eremitendasein mehrfach vor und schlug Verabredungen vor, wenn er in der Nähe von Kirkcaldy war, die Smith jedoch ablehnte. Sein Einsiedlertum schien Früchte zu tragen. Zumindest wurde *Der Wohlstand der*

*Nationen: Eine Untersuchung seiner Natur und seiner Ursachen* nach seiner Veröffentlichung im Jahr 1776 von den Kritikern begeistert aufgenommen. Smiths Ansehen wurde somit noch gesteigert und er zog daraufhin für zwei Jahre nach London.

Im Jahr 1778 wurde Smith zum Zollkommissar in Edinburgh berufen und bekleidete dieses Amt bis zu seinem Tod im Jahr 1790.

## ZEITGENOSSEN

### Die bekannten Vertreter der Aufklärung

Das Zeitalter der Aufklärung brachte im Frankreich des 18. Jahrhunderts verschiedene neue Ansätze unterschiedlicher Denker mit sich. Dazu gehören:

- Schriftsteller wie Voltaire (1694-1778) und Montesquieu (1689-1755)
- François Quesnay (1694-1774), Enzyklopädist und Begründer der Physiokraten
- Jean-Baptiste Say (1767-1832), Vertreter der klassischen Nationalökonomie mit liberalen Ansätzen, wobei insbesondere seine

*Abhandlung über die National-Oekonomie (Traité d'économie politique (1803))* und sein Gesetz zu Angebot und Nachfrage, das Saysche Theorem, die Nachwelt beeinflussen sollten.

- Jacques Necker (1732-1804), Minister von Ludwig XVI., veröffentlichte erfolgreiche wirtschaftspolitische Essays.
- Anne Robert Jacques Turgot (1727-1781), Generalkontrolleur der Finanzen unter Ludwig XVI., vertrat Smiths Theorie der unsichtbaren Hand.

Zu den bekannten Philosophen der Aufklärung in Großbritannien gehören die Schotten David Hume (1711-1776) und Thomas Reid (1710-1776) sowie die Engländer David Ricardo (1772-1823) und John Stuart Mills (1806-1873), ein Anhänger von Humes und dem Utilitarismus.

In Deutschland stellten beispielsweise Samuel von Pufendorf, Christian Thomasius und Immanuel Kant für die Politik bedeutende Theorien auf. Später prangerte Karl Marx, in dessen Werk man Smiths Einfluss erkennen kann, den aufkommenden Kapitalismus an und entwarf seine eigene politische und wirtschaftliche Gesellschaftskritik.

# Wirtschaftsgeschichtlicher Überblick

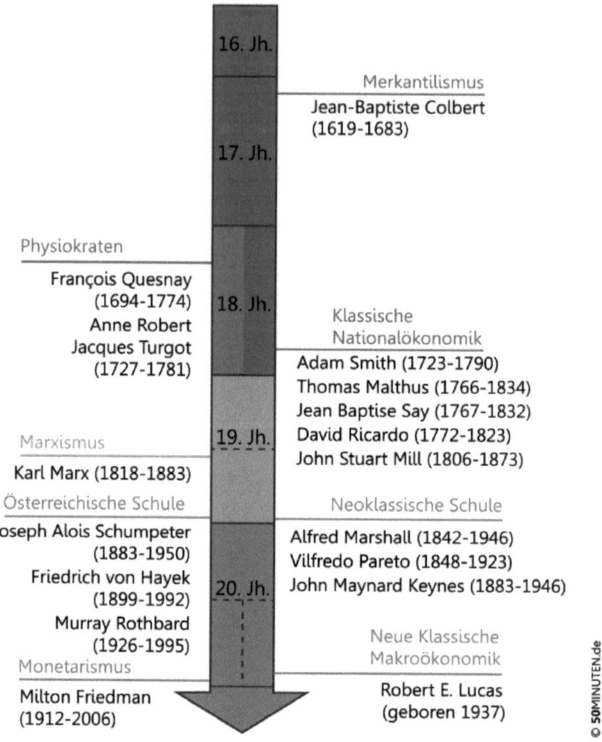

# SMITHS BEITRAG ZUR WIRTSCHAFT-GESCHICHTE

Smith leistete zwar einen bedeutenden Beitrag zur Wirtschaftswissenschaft, er war jedoch in erster Linie Philosoph. Wie die meisten Intellektuellen seiner Zeit sah er die Wirtschaftswissenschaft als ein Teilgebiet der Philosophie an, ähnlich wie Moral, Politik und Recht. Smith war also ein wahrer Universalgelehrter und interessierte sich für diverse Themen. Aus diesem Grund wird im Folgenden auf sein Werk *Die Theorie der ethischen Gefühle* eingegangen, da dies zum besseren Verständnis von *Der Wohlstand der Nationen* beitragen wird.

## THEORIE DER ETHISCHEN GEFÜHLE (1759)

Smith versucht in diesem Werk ein Paradox zu erklären: Der Mensch ist zwar an sich nicht gut, aber dennoch in der Lage, moralisch-ethische

Urteile zu fällen und sich selbst zu beurteilen, da er auch sich selbst von außen beobachten kann.

Der schottische Philosoph beschäftigt sich daher mit den Hintergründen des Ehrgeizes und der Eitelkeit des Menschen. Smith zufolge strebt der Mensch nicht nach mehr Macht und Wohlstand, um sein Wohlbefinden zu verbessern, sondern vielmehr, um die Aufmerksamkeit der anderen auf sich zu ziehen. Das wahre Leid der Armen bestehe daher darin, dass sie unbeachtet blieben, während die Reichen konstant im Zentrum der Aufmerksamkeit stünden:

> Ein Beobachter, der keine Kenntnis von der menschlichen Natur hätte und der die Gleichgültigkeit sähe, mit welcher die Menschen das Elend derer betrachten, die unter ihnen stehen, und auf der anderen Seite das Bedauern und die Empörung wahrnähme, die sie wegen des Mißgeschicks und der Leiden derjenigen fühlen, die ihnen übergeordnet sind, der würde geneigt sein anzunehmen, daß für Personen höheren Standes der Schmerz quälender und der Todeskampf schrecklicher sein müssen, als für jene, die sich in niedrigerer Stellung befinden. (Smith: *Theorie der ethischen Gefühle*, S. 81)

Smith hebt außerdem hervor, welche Eigenschaften notwendig sind, um sozial aufzusteigen: Während eine wohlhabende Person lediglich ihre erlesene Bildung zur Schau stellen müsse, benötige eine arme Person einen außerordentlichen Geschäftssinn.

Smith zufolge liegt der wahre Beweggrund des Menschen für sein Streben nach Reichtum darin,

- dass er immer mehr Reichtümer ansammeln will, um die Aufmerksamkeit der anderen auf sich zu lenken.
- dass er so Gegenstände höherer Qualität erwerben kann, die ihm seiner Meinung nach helfen, eine höhere Stufe von Wohlstand zu erreichen. Das Interesse an ihnen ist also nicht mit dem Wohl, das sie eigentlich bringen, verbunden.

Smith erklärt den Besitz von „Tand" und „Spielereien", deren „Nutzen lächerlich gering" (S. 292) ist, anhand der Geschichte eines jungen Mannes mit außerordentlichem Ehrgeiz und merkt dabei den erstaunlichen Aufwand an, den einige betreiben, um diese Art von Objekten zu erwerben.

Smith kritisiert ein solches Verhalten aus moralphilosophischer Sicht, glaubt jedoch, dass es sich positiv auf die Gesellschaft auswirkt, da das scheinbare Bedürfnis nach diesen Objekten die Wirtschaft antreibt.

### GUT ZU WISSEN: DIE KONZEPTE DES MITGEFÜHLS UND DES UNPARTEIISCHEN BEOBACHTERS

Mitgefühl ist ein grundlegendes Konzept der *Theorie der ethischen Gefühle*, das Smith zufolge erklärt, wie der Mensch beurteilt, was er als anständig und löblich befindet. Mitgefühl kann daher als die Fähigkeit des Menschen definiert werden, sich in sein Gegenüber hineinzuversetzen und so aus der Perspektive dieser Person eine Situation zu erleben und dabei ihre Gefühle nachzuempfinden. Jeder Mensch wolle, dass so viele Menschen wie möglich so glücklich wie möglich werden.

Anschließend zeigt Smith, wie der Mensch sich selbst beurteilt. Da mit dieser Beurteilung eine Verpflichtung einhergehe, führe sie meist zu angemessenem und löblichem Verhalten. Smith führt dabei das

Konzept des unparteiischen Beobachters ein, auf das er die Merkmale des Mitgefühls überträgt. Unparteiischer Beobachter deshalb, weil die jeweilige Handlung weder aus der Sicht des Ausführenden noch der des Betroffenen bewertet wird, sondern von einer dritten Person. Smith ist überzeugt, dass der menschliche Geist über diesen unparteiischen Beobachter (der die Situation von außen betrachtet) kontinuierlich moralische Bewertungen fällt.

Obwohl Smith annimmt, dass der Mensch von seinem Ehrgeiz getrieben wird, erklärt er relativierend, dass sich in jedem Menschen ein unparteiischer Beobachter – das Gewissen – befindet, der ihn davon abhält, anderen zu schaden, und ihn sogar unter gewissen Umständen dazu bringt, großzügig zu handeln. Smith zufolge ist der wahre Beweggrund von solchem altruistischen Verhalten nicht die Sorge um das Wohlbefinden des anderen, sondern die Angst, nicht seinem Gewissen entsprechend zu handeln. Antriebskraft ist hierbei also nicht die Nächstenliebe, sondern vielmehr das Streben nach Größe, Würde und Überlegenheit.

Smith veranschaulicht sein Argument mithilfe eines Beispiels, in dem er sich vorstellt, wie die Europäer vermutlich auf ein Erdbeben in China reagieren würden. Ihm zufolge führe eine solche Naturkatastrophe zu keinem nachhaltig schlechten Gewissen, da die Europäer keine Schuld an dem Beben tragen und sich entsprechend nichts vorwerfen. Das Ereignis würde vermutlich eine Zeit lang in aller Munde sein, dann aber schnell vergessen werden. Die scharfsinnige Beschreibung dieser Einstellung bleibt auch noch heute von großer Aktualität.

## DER WOHLSTAND DER NATIONEN: EINE UNTERSUCHUNG SEINER NATUR UND SEINER URSACHEN (1776)

Von *Der Wohlstand der Nationen*, vermutlich Smiths bekanntestem Werk, wird häufig gesagt, es habe die britische Wirtschaftspolitik revolutioniert. Die drei Hauptthemen des Werks sind:

- Arbeitsteilung, bei der die Arbeiter sich auf bestimmte Aufgaben spezialisieren
- Preisbildung, sowohl auf dem Markt von Produkten und Dienstleistungen als auch auf dem Arbeitsmarkt

- und schließlich die Rolle des Staates hinsichtlich der Kontrolle seiner Wirtschaft.

## Arbeitsteilung

Eine der Kernthesen in *Der Wohlstand der Nationen* besagt, dass die Arbeitsteilung den Grundstein für die Erschaffung von Wohlstand legt. Smith zufolge ermöglicht es die Spezialisierung der Arbeiter, die Produktivität zu erhöhen. Dafür gibt es mehrere Gründe:

- Zunächst kann durch die Wiederholung einer Tätigkeit die Ausführungsgeschwindigkeit erhöht werden (was die ausführende Person mit einem absoluten Vorteil bei der Produktion eines Gutes ausstattet).
- Außerdem kann bei der Ausführung einer einzigen Tätigkeit pro Arbeiter beim Übergang zwischen den verschiedenen Produktionsschritten Zeit gespart werden.
- Schließlich ist Smith überzeugt, dass die Arbeitsteilung zur Erfindung zahlreicher Maschinen führe, welche die Produktivität der Arbeiter erhöhen.

Doch die Arbeitsteilung hat ebenfalls ihre Schwächen. Smith zufolge muss der Markt groß genug sein (Anzahl der Konsumenten, an die er sich potenziell richtet), damit Spezialisierung möglich wird. Dabei merkt er an, dass die Entwicklung von Transportmöglichkeiten auf dem Seeweg zu größerer Arbeitsteilung führt, weil sie den verschiedenen Branchen nun ermöglicht, sich an eine größere Anzahl von Konsumenten zu richten.

> Da durch den Wassertransport für jede Art Industrie ein ausgedehnterer Markt eröffnet wird, als ihn der Landtransport allein gewähren kann, so sind es die Meeresküste und die Ufer schiffbarer Flüsse, wo der Gewerbefleiß jeder Art sich abzuteilen und zu vervollkommnen anfängt [...]. (Smith: *Der Wohlstand der Nationen*, S. 17)

## Preisbildung

Neben der Arbeitsteilung beschäftigt sich Smith ebenfalls mit der Preisbildung. Er entwickelt als einer der ersten einen Ansatz, der heute als Gesetz von Angebot und Nachfrage definiert wird. Smith ist überzeugt, dass der Marktpreis immer zu einem bestimmten Wert tendiert, den er als natürlichen

Preis bezeichnet. Grob gesagt, könnte dieser als der niedrigste Preis definiert werden, zu dem ein Hersteller noch bereit ist, sein Gut zu produzieren. Smith beweist seine Theorie folgendermaßen:

**Preisbildung nach Smith**

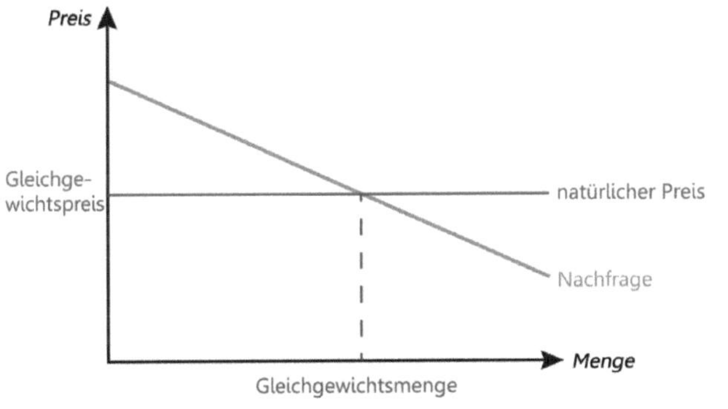


- Wenn der Marktpreis über dem natürlichen Preis liegt (und ausreichend Konkurrenz besteht), liegt es im Interesse der bestehenden Hersteller mehr zu produzieren, da sich ansonsten neue Hersteller auf dem Markt niederlassen, um selbst die hohe Profitmarge auszunutzen. Wegen der größeren Produktion müssen sich die Konsumenten nicht mehr gegenseitig überbieten, um das jeweilige Produkt zu kaufen. Dadurch fällt der Marktpreis. Dieser Vorgang endet, wenn der Marktpreis seinen natürlichen Wert angenommen hat.

- Wenn der Marktpreis unter dem natürlichen Preis liegt, nimmt die produzierte Menge auf die gleiche Weise solange ab (weil die Produzenten den jeweiligen Markt verlassen), bis der Marktpreis seinen natürlichen Wert angenommen hat.

## Die Rolle des Staates

Smith hat eine klare Vorstellung von der Rolle des Staates bei der Kontrolle seiner Wirtschaft. Dabei vertritt er die Meinung, dass die Regierung generell nicht eingreifen sollte. Allerdings nennt Smith gewisse Ausnahmen:

- Der Staat muss die Sicherheit des Staatsgebiets und die Einhaltung des geltenden Rechts garantieren, dazu gehört die Unterhaltung einer Armee und Staatspolizei.
- Der Staat muss sich beim Bau und der Instandhaltung großer Infrastrukturen (Straßen, Kanäle etc.) beteiligen.
- Außerdem muss der Staat sicherstellen, dass jeder Bürger einer Grundbildung erhält.

# SCHWÄCHEN UND ERGÄNZUNGEN

## SCHWÄCHEN UND KRITIK

### Arbeitsteilung

Während Smiths Prinzip der Arbeitsteilung zunächst von anderen Wirtschaftstheoretikern wie Frederick Winslow Taylor (1856-1915) übernommen und weitergeführt wurde, schwand später das Interesse an ihm. Taylor wiederum entwickelte ein Arbeitssystem, das heute als „Scientific Management" bekannt ist. Es basiert auf den folgenden Merkmalen:

- Die Arbeit wird vertikal zwischen Vorgesetzten und Arbeitern geteilt (erstere planen die effizienteste Produktionsmethode und zweitere führen die Anweisungen aus).
- Die Arbeit wird ebenfalls horizontal geteilt (jeder Arbeiter ist auf eine genau definierte Tätigkeit spezialisiert; dies ist der Beginn der Fließbandarbeit).

- Taylor schlägt vor, die Entlohnung der Arbeiter von ihrer Leistung abhängig zu machen, um sie zu motivieren, so schnell wie möglich zu arbeiten.

Taylors Ansatz wurde in den entwickelten Ländern des 20. Jahrhunderts mit enormer Begeisterung aufgenommen. So erfuhr der Fordismus – eine Weiterführung des Taylorismus (Taylors Scientific Management) – während des Nachkriegsbooms (1946-1973) einen besonderen Erfolg. Mit dem heutigen technischen Fortschritt (Automatisierung immer komplexerer Arbeitsketten) sowie des steigenden Bildungsniveaus im Laufe der Generationen ist die Fließbandarbeit jedoch nahezu verschwunden. Während sich intellektuelle Arbeit stark spezialisiert hat, tendieren manuelle Tätigkeiten nun wieder zu Diversifizierung.

## Smiths Beitrag

Einige Kritiker vertreten die Ansicht, dass Smith keine neuen Beiträge geleistet hat und er nicht als Begründer der Wirtschaftswissenschaften angesehen werden sollte. Der amerikanische Ökonom und Philosoph Murray Rothbard (1926-1995) kritisierte den Schotten beispielsweise scharf und beschuldigte ihn des Plagiats und – schlimmer noch – die übernommenen Ansätze verschlechtert zu haben (vgl. Rothbard: *Economic Thought Before Adam Smith*, S. 435-436). Rothbard zufolge entstand die Wirtschaftswissenschaft bereits im Mittelalter.

## Auf den Kontext ihrer Zeit beschränkte Analyse

Als einer der ersten modernen Ökonomen legte Smith lediglich die Grundsteine der neuen, aufstrebenden Wirtschaftswissenschaft. Seine Analyse ist deswegen auf die Erkenntnisse seiner Zeit beschränkt und sah die Entwicklungen unserer modernen Welt zwei Jahrhunderte später noch nicht voraus. So schien sich Smith beispielsweise nicht über die heutige Bedeutung von **externen Effekten** bewusst zu sein. Später wurden diese als ein Grundkonzept in die Wirtschaftstheorie aufgenommen und in zwei Kategorien geteilt:

- **Negative externe Effekte**, auch externe oder soziale Kosten genannt, bezeichnen das Verhalten eines Menschen, das sich negativ auf einen anderen Menschen auswirkt. Ein klassisches Beispiel hierfür ist Luftverschmutzung.

- **Positive externe Effekte**, auch externer Nutzen oder sozialer Ertrag genannt, bezeichnen das Verhalten eines Menschen, das sich positiv auf einen anderen Menschen auswirkt. Ein klassisches Beispiel ist Bildung.

## Kontroversen

Während Smith annimmt, dass alle Menschen Handel betreiben wollen, bestreitet der ungarisch-österreichische Wirtschaftshistoriker und Wirtschafts- und Sozialwissenschaftler Karl Polanyi (1886-1964) dies in seinem Werk *The Great Transformation: Politische und ökonomische Ursprünge von Gesellschaften und Wirtschaftssystemen* (1944), einem Klassiker, der mit der Wirtschaftskrise von 2008 wieder an Aktualität gewann. Polanyi veranschaulicht seinen Standpunkt anhand von konkreten Beispielen. Er spricht beispielsweise von Systemen in bestimmten „integrierten" Gesellschaften, die auf Gegenseitigkeit und Umverteilung durch einen Anführer anstatt auf Handel beruhen. Diese Gesellschaften sind meist autark und zeichnen sich durch starke soziale Kontrolle aus.

Daneben wird Smith von den Vertretern der klassischen Nationalökonomie und der neoklassischen Schule zudem in seinen Grundsätzen kritisiert. Auch heute wird den Wirtschaftswissenschaften vorgeworfen, soziale Aspekte außen vor zu lassen. Diese Kritik scheint im Angesicht der fortschreitenden Anonymisierung der Wirtschaftsaktivitäten auf den Märkten berechtigt. Andere Kritikpunkte scheinen jedoch weniger fundiert. Ein gutes Beispiel dafür ist der Einbezug der Umwelt. In der Regel sind sich Wirtschaftswissenschaftler darüber einig, dass Unternehmen für ihre Umweltverschmutzung besteuert werden sollten oder ein Markt für Emissionsrechte eingerichtet werden sollte, um die Treibhausgasemissionen zu senken. Es wird dabei also von einer vollkommenen Situation ausgegangen, wo der Markt sich selbst überlassen wird, wobei die Staaten eventuell auftretende Unvollkommenheiten korrigieren. Dies kann in gewisser Weise auf Smith zurückgeführt werden, der schon im 18. Jahrhundert der Meinung war, dass der Staat in Angelegenheiten wie hoheitsrechtlichen Funktionen, Investitionen in große Bauprojekte und die Bildung eingreifen sollte.

# ERGÄNZUNGEN

## Ricardos komparativer Kostenvorteil

Wie bereits im Kapitel über den <u>Wohlstand der Nationen</u> angeschnitten wurde, weitete David Ricardo Smiths Prinzip des absoluten Kostenvorteils aus und entwickelte sein Prinzip des komparativen Kostenvorteils.

In der Regel werden die beiden Prinzipien voneinander abgegrenzt. Smith ging davon aus, dass es für zwei Länder (oder zwei Handelspartner) vorteilhaft ist, ihre Produkte untereinander zu verkaufen, wenn beide Länder einen absoluten Kostenvorteil bei der Produktion besitzen, das heißt bei der Produktion eines der beiden Güter die niedrigsten Produktionskosten haben. Dieser Ansatz schließt jedoch die Möglichkeit aus, dass ein Land beide Produkte zu niedrigeren Kosten als das andere Land produzieren kann.

Ricardo weitete diese Theorie entsprechend aus. Der Brite mit portugiesischen Wurzeln führte seinen Ansatz am Beispiel von Wein- und Tuchhandel zwischen Großbritannien und Portugal aus. Ihm zufolge ist es für ein Land vorteilhaft, sich auf die

Produktion des Gutes zu spezialisieren, für den es einen komparativen Kostenvorteil hält. Das bedeutet, dass für dieses Gut entweder der absolute Kostenvorteil am größten ist (bei Ländern, die beide Produkte zu den niedrigsten Kosten produzieren können) oder der absolute Nachteil am geringsten (für Länder, die bei beiden Produkten keinen absoluten Kostenvorteil halten). So kann auch das Land, das eigentlich für beide Produkte einen absoluten Kostenvorteil hält, vom Handel profitieren, indem es Arbeit einspart.

Smiths und Ricardos Theorien rechtfertigen also trotz ihrer Unterschiede beide den internationalen Handel. Die beiden Vertreter der klassischen Nationalökonomie – und gerade Ricardo als Abgeordneter – stellen sich energisch gegen protektionistische Maßnahmen.

## Die Arbeitswerttheorie

Bei der Auslegung des Arbeitswertes stehen sich die Vertreter der klassischen Nationalökonomie und die der neoklassischen Schule gegenüber. Smith, Ricardo und Marx vertreten die Ansicht, dass der Handelswert eines Produktes durch die für dessen Herstellung benötigte Arbeit entsteht.

Im Gegensatz dazu leiten die Vertreter der neoklassischen Schule den Wert eines Produkts von dessen Grenznutzen ab (Nutzen, den der Kauf einer weiteren Einheit dieses Produkts hat). Dabei scheinen sich die beiden Theorien auf gewisse Weise zu ergänzen. Dem britischen Ökonom Alfred Marshall (1842-1924) zufolge haben die Vertreter der neoklassischen Schule auf kurze Sicht hin recht (die Preise passen sich an, nicht jedoch die produzierte Menge, was bedeutet, dass die Nachfrage schneller auf einen Schock reagieren kann als das Angebot), während sich auf lange Sicht die Theorie der Vertreter der klassischen Nationalökonomie zu bewahrheiten scheint (die produzierte Menge passt sich ebenfalls an).

# ZUSAMMENGEFASST

- Als Philosoph und erst in zweiter Linie Wirtschaftswissenschaftler beschäftigte sich Adam Smith, der als einer der Begründer der modernen Wirtschaftswissenschaft des 18. Jahrhunderts angesehen wird, mit der Welt in ihrer Gesamtheit. Er betonte unter anderem die Bedeutung der Arbeitsteilung, entwickelte Vorläufer des Gesetzes von Angebot und Nachfrage etc.
- Die Bewegung der Aufklärung machte zu Smiths Lebzeiten intellektuellen Austausch möglich und so lernte er unter anderem Voltaire, Quesnay und Hume kennen. Mit letzterem verband ihn im Laufe der Zeit eine gute Freundschaft.
- Beiträge:
  - Smiths Werk ist für seine Kohärenz bekannt und ebnete den Weg für zahlreiche Ansätze, die noch heute von gesellschaftlich-politischer Aktualität sind und verwendet werden. Dazu gehört beispielsweise das Phänomen der Globalisierung.

- In *Die Theorie der ethischen Gefühle* untersuchte Smith das Verhalten des Menschen aus moralischer Sicht.
- Im *Wohlstand der Nationen* legte Smith zahlreiche Grundsteine für die Wirtschaftswissenschaften.
- Smiths Ansätze können als liberal bezeichnet werden. Er vertrat die Meinung, dass staatliche Eingriffe auf hoheitsrechtliche Funktionen (Recht, Verteidigung und Polizei) beschränkt werden sollten. Dabei machte er jedoch mit Infrastruktur und Bildung zwei (weitere) Ausnahmen.
- Smith war sich bewusst, dass der Ausbau von Transportmöglichkeiten über den Seeweg eine große Rolle in der Entwicklung der Wirtschaft spielte, da so die Arbeitsteilung vorangetrieben werden konnte.
- Ebenso wie Ricardo war er gegen protektionistische Maßnahmen. Die beiden Ökonomen rechtfertigten ihren Standpunkt jeweils mit der Theorie des absoluten bzw. komparativen Vorteils.

- Auswirkungen:
  - Smith hat zahlreiche Wirtschaftswissenschaftler beeinflusst. Ricardo, Say und Marx

kannten sich vermutlich untereinander und waren alle Vertreter der klassischen Nationalökonomie, wobei Marx etwas abseits anzusiedeln ist. Die Vertreter der neoklassischen Schule griffen ebenfalls Teile von Smiths Theorie auf, jedoch in geringerem Umfang.

- Schwächen der Überlegungen:
  - Dennoch wurde Smiths Arbeit auch kritisiert. Seine Theorie des absoluten Kostenvorteils bezieht beispielsweise nicht die Situation mit ein, in der ein Land in allen Bereichen produktiver als sein Handelspartner ist. Smiths Theorie des Arbeitswerts wiederum unterschätzt die Rolle der Nachfrage auf kurze Sicht.

*Ihre Meinung ist uns wichtig!*
*Hinterlassen Sie doch einen Kommentar auf der*
*Seite unserer Online-Buchhandlung*
*und teilen Sie Ihre Favoriten in den sozialen*
*Netzwerken!*

# DARÜBER HINAUS

## LITERATURVERZEICHNIS


- „Adam Smith (1723-1790)". In: *Alternatives Économiques* 21(Nov. 2005).

- „Adam Smith". *Andlil* (26.06.2013). Eintrag im Wirtschaftslexikon des Blogs (auf Französisch). http://www.andlil.com/adam-smith-128211.html (19.12.2018).

- „Adam Smith". *Larousse*. Eintrag in der französischen Enzyklopädie. http://www.larousse.fr/encyclopedie/personnage/ Adam_Smith/144596 (19.12.2018).

- Beraud, Alain: „La contribution fondatrice. Origine et développement de la pensée économique d'Adam Smith". In: Béraud, Alain; Faccarello, Gilbert: *Nouvelle Histoire de la pensée économique* Band 1. La Découverte: Paris 1993. S. 309-364.

- Darmangeat, Christophe: „Les théories de la valeur". *Introduction à l'analyse économique.* Eintrag auf der Seite zu Wirtschaftsthemen (auf Französisch). http://www.pise.info/eco/valeur.htm

- „David Ricardo". *Larousse.* Eintrag in der französischen Enzyklopädie.
  http://www.larousse.fr/encyclopedie/personnage/David_Ricardo/140892 (19.12.2018).

- Delatour, Albert: *Adam Smith, sa vie, ses travaux, ses doctrines.* Guillaumin: Paris 1886.

- De Vroey, Michel: „Les libéralismes économiques et la crise". In: *Revue française d'économie* 24 (2, 2009). S. 3-37.

- Diatkine, Daniel: „Présentation de la *Richesse des nations*". In: *Adam Smith.* GF-Flammarion: Paris 1991.
  http://theme.univ-paris1.fr/M1/hpe/Diatkine_RDN.pdf (19.12.2018).

- „École classique en économie". *Larousse.* Eintrag in der französischen Enzyklopädie.
  http://www.larousse.fr/encyclopedie/divers/%C3%A9cole_classique_en_%C3%A9conomie/187107 (19.12.2018).

- Fourastié, Jean: *Les Trente Glorieuses ou la révolution invisible de 1946 à 1975.* Fayard: Paris 1979.

- Guédon, Jean-Mikaël: „Le lien social chez Adam Smith : le marché, la sympathie, l'État". In: *Ithaque*, 5 (2009). S. 101-128.

- Heilbroner, Robert: *The Essential Adam Smith.* W. W. Norton & Company: New York 1987.

- Rae, John: *Life of Adam Smith.* Macmillan & Co: London 1895.

- Rothbard, Murray: *Economic Thought Before Adam Smith*. Edward Elgar Publishing: Cheltenham 1995.

- Smith, Adam: *Der Wohlstand der Nationen. Eine Untersuchung seiner Natur und seiner Ursachen*. Hrsg. und gekürzt von Georg von Wallwitz. Aus dem Englischen von Horst Claus Recktenwald. dtv: München 2018.

- Smith, Adam: *Theorie der ethischen Gefühle*. Felix Meiner Verlag: Hamburg 2010.

- Taylor, Frederick Winslow: *Die Grundsätze wissenschaftlicher Betriebsführung*. Neu herausgegeben und eingeleitet von Walter Bungard und Walter Volpert. Aus dem Englischen von Rudolf Roesler. Beltz, Psychologie Verlags Union: Weinheim 1995.

# WEITERFÜHRENDE LITERATUR

- Hume, David: *Ein Traktat über die menschliche Natur*. Hrsg. von Horst D. Brandt. Aus dem Englischen von Theodor Lipps. Felix Meiner Verlag: Hamburg 2013.

- Mossner, Ernest Campbell; Ross, Ian Simpson: *Works and Correspondence of Adam Smith*. Clarendon Press: Oxford 2006.

- Polanyi, Karl: *The Great Transformation: Politische und ökonomische Ursprünge von Gesellschaften und Wirtschaftssystemen*. Deutsche Übersetzung von Heinrich Jelinek. Suhrkamp: Frankfurt 1973.

- Smith, Adam: *Lectures on Jurisprudence.* Hrsg. von R. L. Meek, D. D. Raphael und P. G. Stein. Liberty Fund: Indianapolis 1982.

## MEHR AUF 50MINUTEN.DE

- Mimbang, Jean-Blaise: Der komparative Kostenvorteil. Ricardos Gründe für die Spezialisierung. Aus dem Französischen von Mareike Lobeck. Plurilingua Publishing: Brüssel 2019.

## NOCH NICHT GENUG?

- The Adam Smith Institute. Homepage des britischen Think Tanks. https://www.adamsmith.org/ (19.12.2018).

- The International Adam Smith Society. Homepage der amerikanischen Gesellschaft. https://smithsociety.org/ (19.12.2018).

50MINUTEN.de
Geschichte
Business
Für die Arbeitswelt
Non-Fiction kompakt
Gesundheit & Wellness
Kunst und Literatur
DAS PARETO-PRINZIP
Die 80/20-Regel
Gesamtaufwand
Ergebnisse
80%
80%
20%
Wichtig
Unwichtig
DAS CANVAS-BUSINESSMODELL
DIE SWOT-ANALYSE
SCHMÖKERN SIE SICH SCHLAU!
www.50Minuten.de

Die präsentierten Inhalte werden vom Herausgeber überprüft, dennoch übernimmt dieser keine Haftung für die inhaltliche Richtigkeit, Vollständigkeit und Aktualität der vorgestellten Inhalte.

**© 50Minuten.de, 2019. Alle Rechte vorbehalten.**

www.50Minuten.de

ISBN digitale Ausgabe: 9782808010047

ISBN gedruckte Ausgabe: 9782808016650

Pflichtexemplar: D/2018/12603/594

Cover: © Plurilingua

Digitale Aufbereitung: Primento, der digitale Partner der Herausgeber